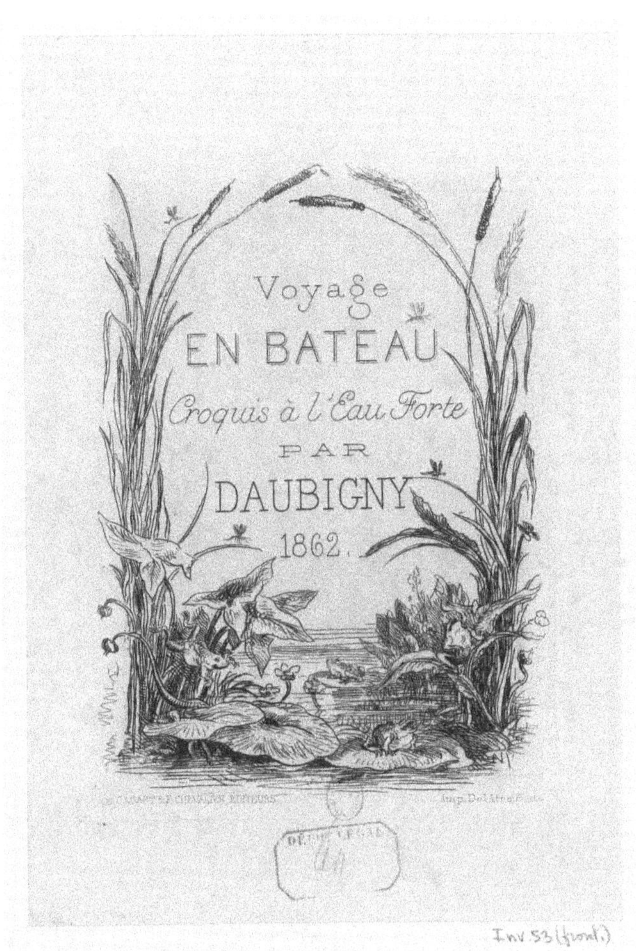
Voyage
EN BATEAU
Croquis à l'Eau Forte
PAR
DAUBIGNY
1862.

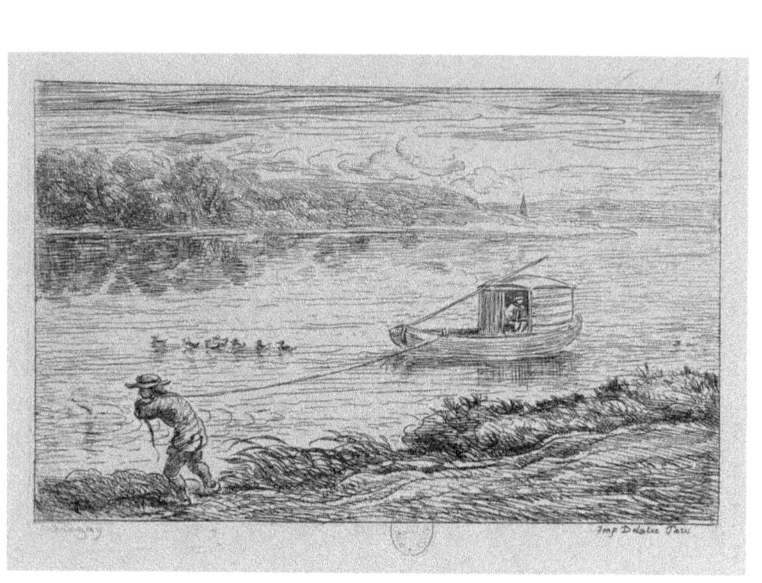

Imp Delâtre Paris

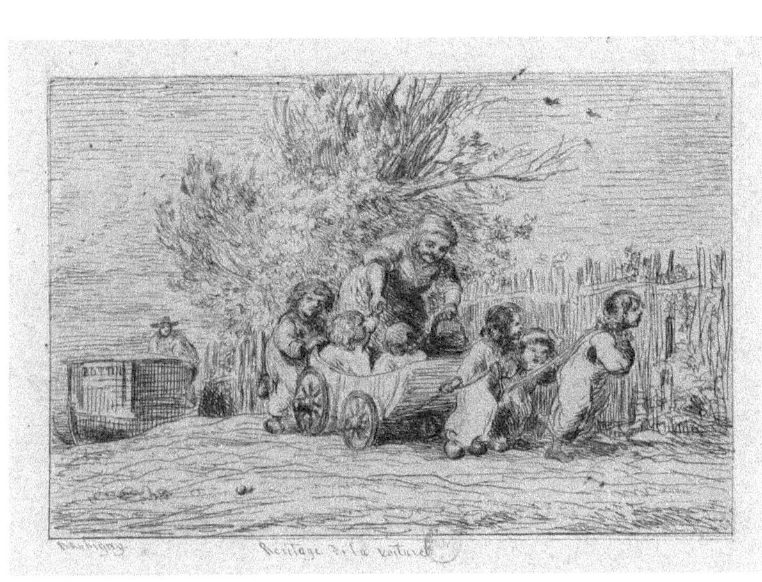
Daubigny
Attelage de la voiture

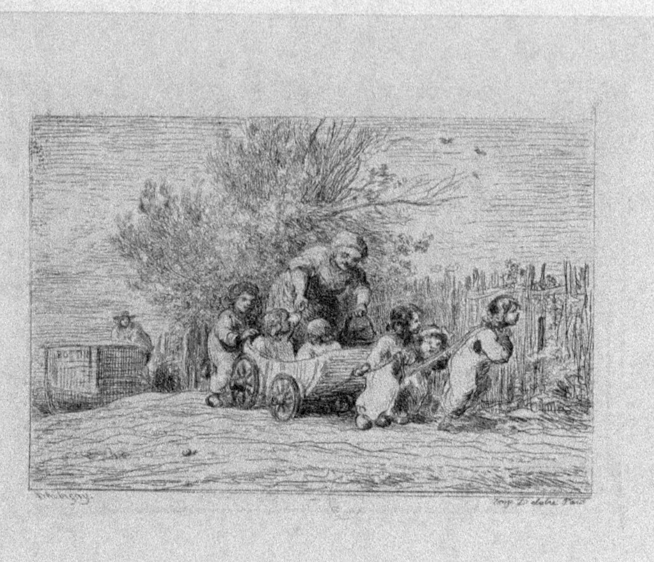

H. 98. L.D. 102.3   Inv. 53(8).8.

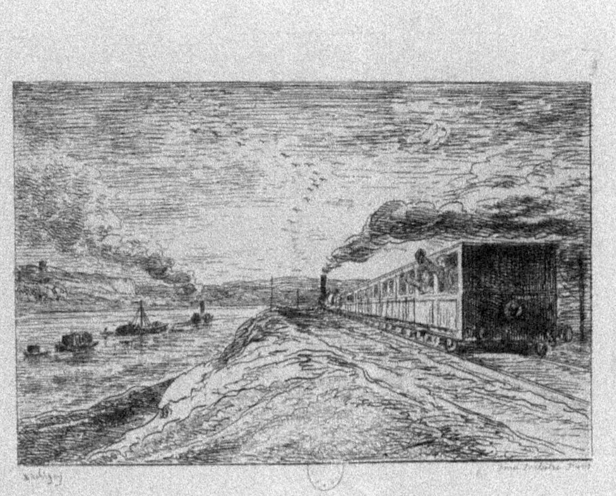
Daubigny
Imp. Delâtre Paris

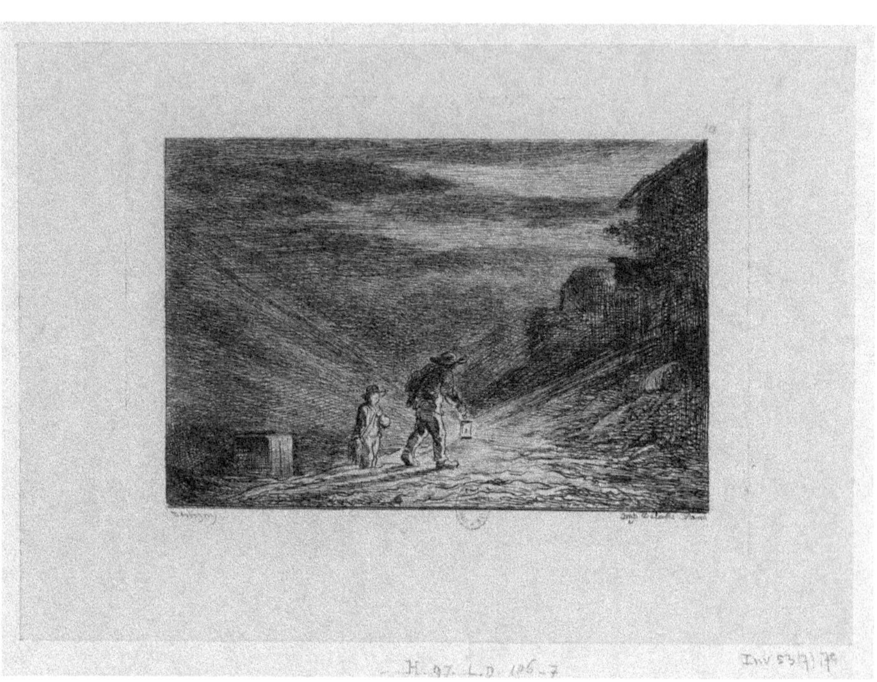

H. 47. L. D. 186.7

Inv 53717°

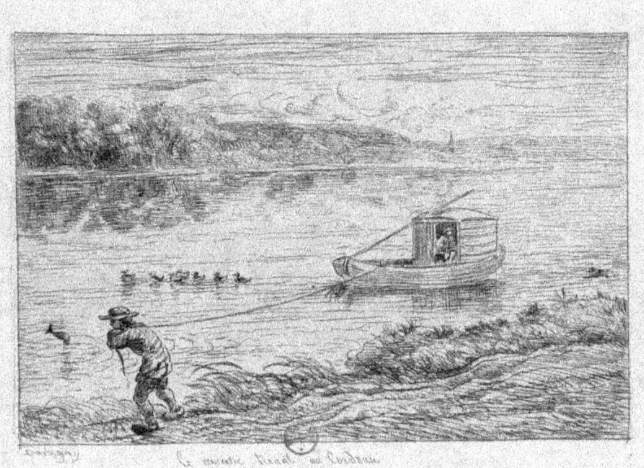

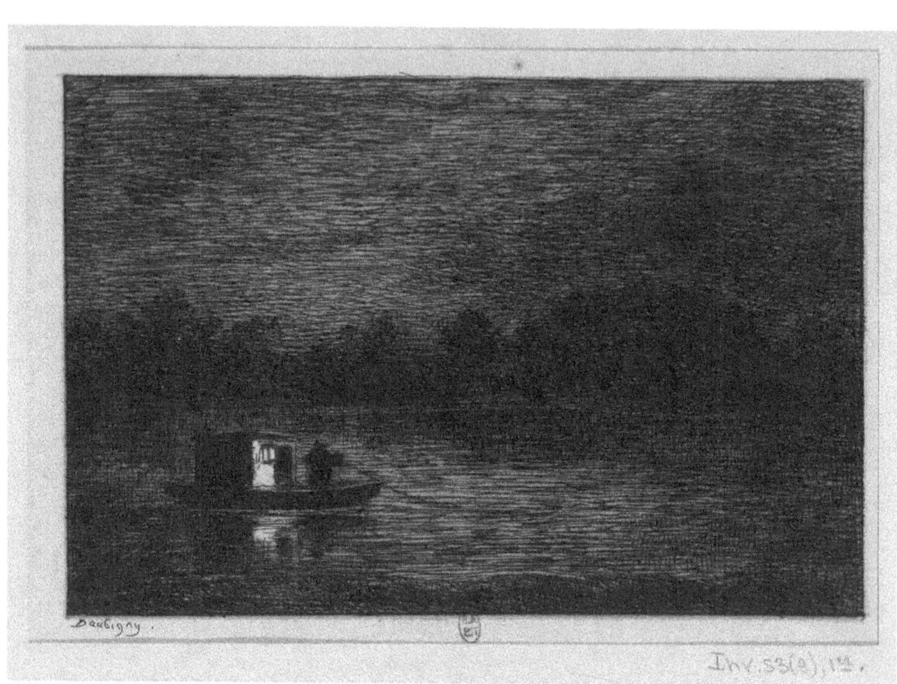
Daubigny.

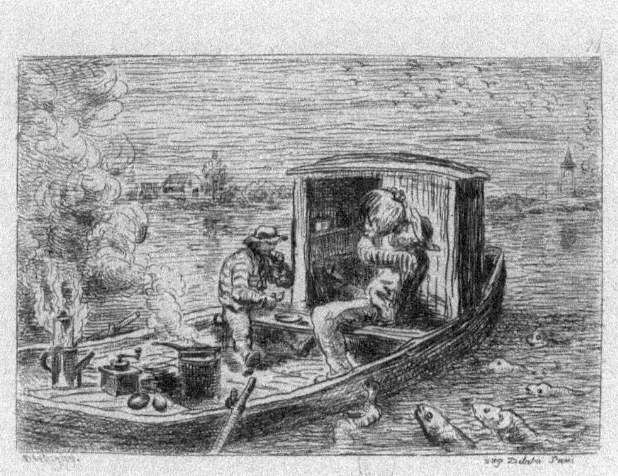

H. 95. LD. 104. v. 3

Inv.93/5/8.

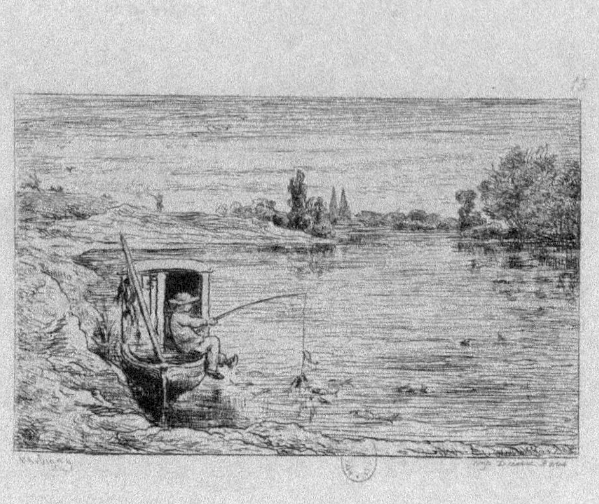

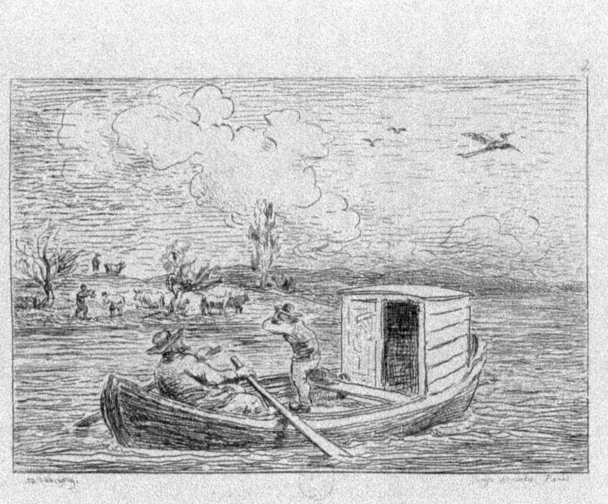

Inv. 53(6),38.

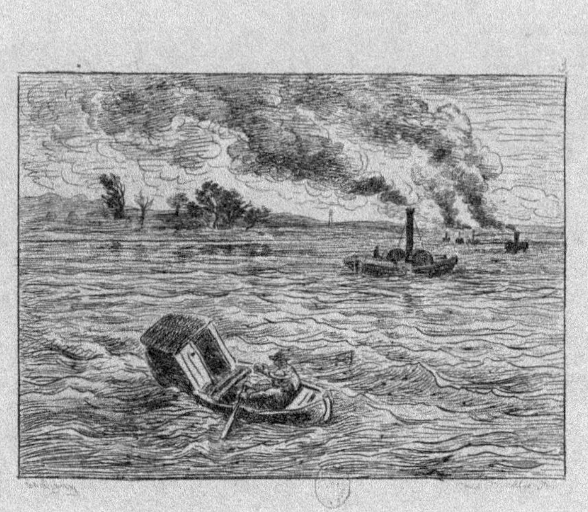

H. 102. L. D. 112-3

Inv. 53(12),36

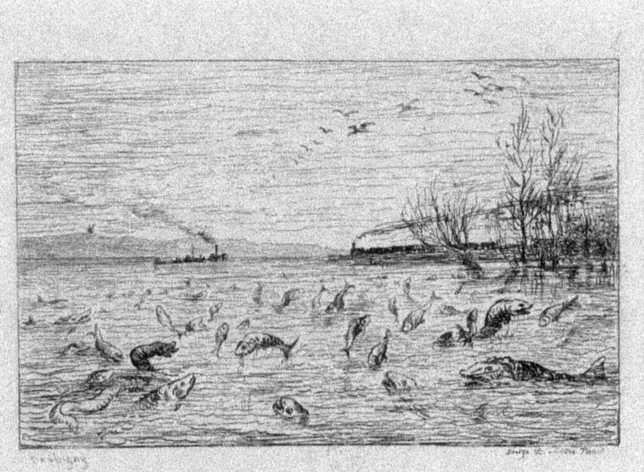

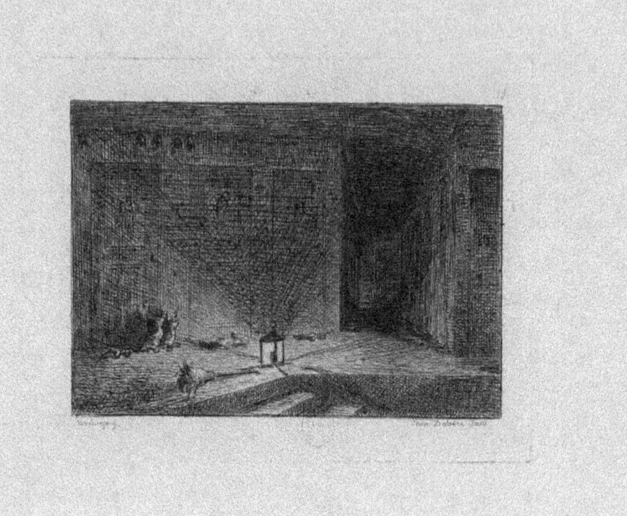

H. 98   L. D. 107. 3   Inv. 53(8). 8

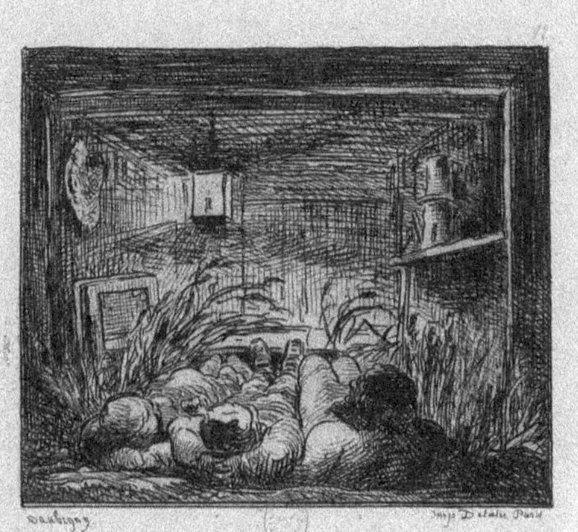

Daubigny
Imp. Delâtre Paris

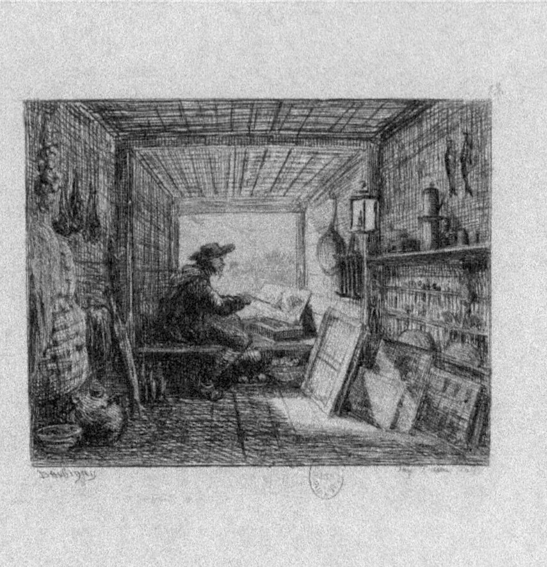

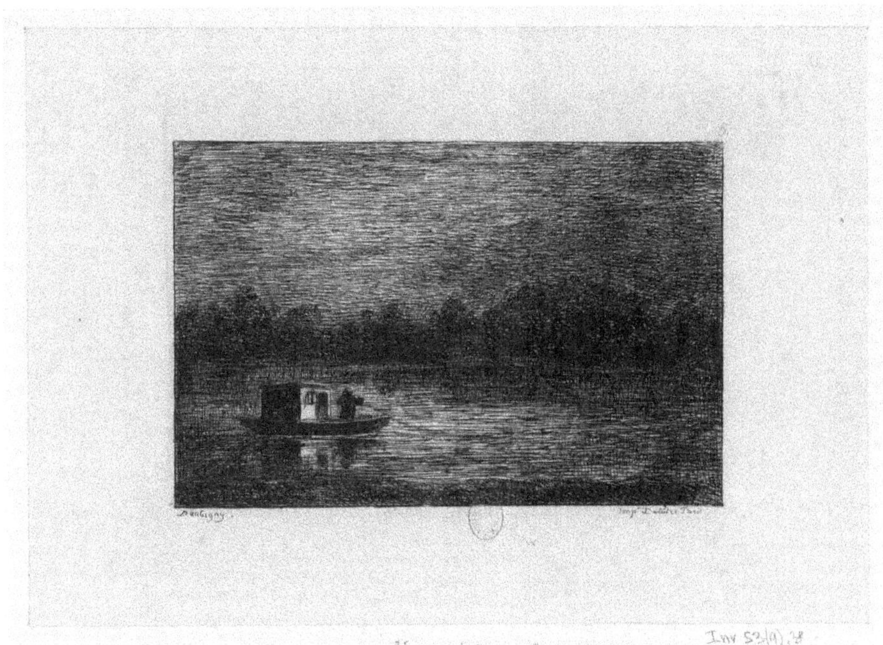

H. 99. b.D. 109-3   Inv 53(9).38

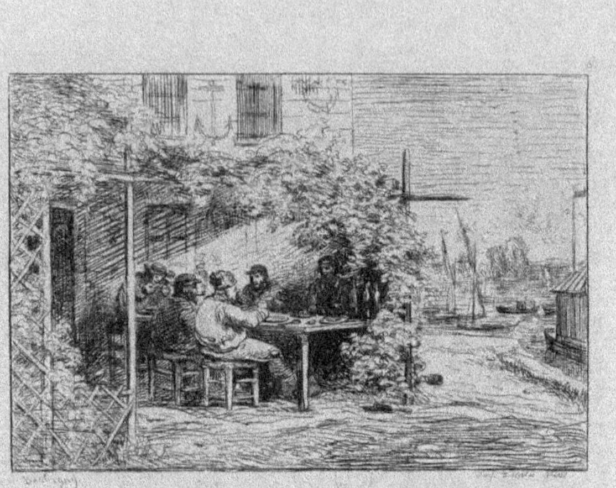

H. 91. D. 100. 8.

Inv. 5041/78.

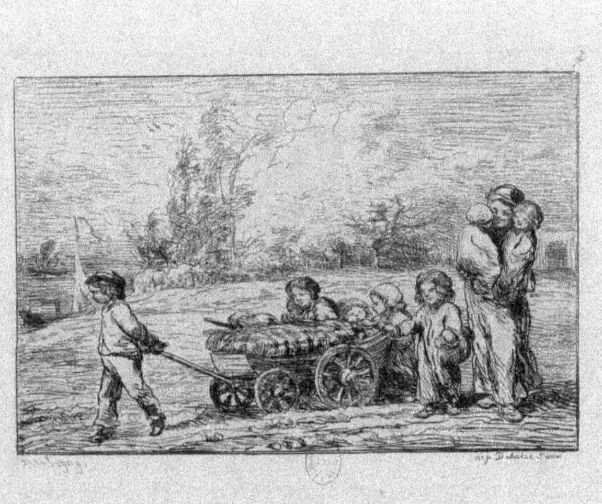